CATALOGUE
DE BONS TABLEAUX
DES DIVERSES ÉCOLES;

ÉMAUX, OUVRAGES D'IVOIRE, MARBRES, BRONZES;
MEUBLES RARES, LAQUES,
PORCELAINES DE LA CHINE, ARMES ÉTRANGÈRES,
ET AUTRES CURIOSITÉS,
NOTAMMENT UNE COLLECTION TRÈS-VARIÉE DE TABATIÈRES
PRÉCIEUSES,
LA PLUPART ENRICHIES D'ÉMAUX ET DE MINIATURES.

LE TOUT PROVENANT

DU CABINET DE FEU M. FRANCILLON.

Une exposition publique de tous ces objets aura lieu les 9, 10 et 11 Mai 1829, de midi à quatre heures de relevée, dans la salle Lebrun, rue de Cléry, n. 21;

Et ils seront vendus aux enchères, les 12, 13, 14, 15, 16 et jours suivans dudit mois,

Par le ministère de M. LACOSTE, Commissaire-Priseur, rue Thérèse, n. 2,

Qui sera assisté par M. HENRY, Commissaire-Expert des musées royaux, rue de Bondy, n. 23,

Chez lesquels se distribue le présent Catalogue.

1829.

A. GUYAM,
Faub. Montmartre, n. 4.

CATALOGUE
DE BONS TABLEAUX
DES DIVERSES ÉCOLES;

ÉMAUX, OUVRAGES D'IVOIRE, MARBRES, BRONZES;
MEUBLES RARES, LAQUES,
PORCELAINES DE LA CHINE, ARMES ÉTRANGÈRES,
ET AUTRES CURIOSITÉS,
NOTAMMENT UNE COLLECTION TRÈS-VARIÉE DE TABATIÈRES PRÉCIEUSES,
LA PLUPART ENRICHIES D'ÉMAUX ET DE MINIATURES.

LE TOUT PROVENANT

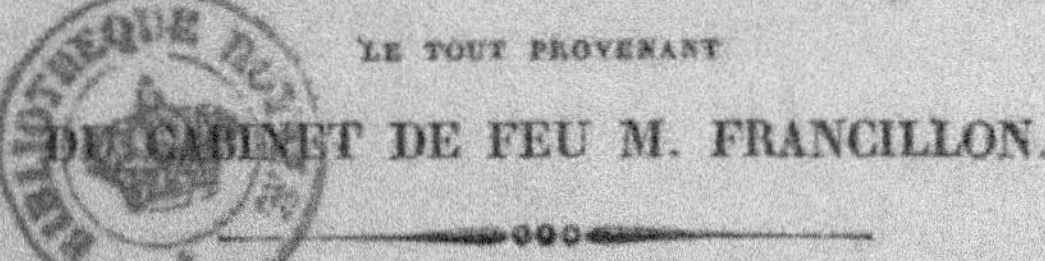

DU CABINET DE FEU M. FRANCILLON.

Une exposition publique de tous ces objets aura lieu les 9, 10 et 11 Mai 1829, de midi à quatre heures de relevée, dans la salle Lebrun, rue de Cléry, n. 21;

Et ils seront vendus aux enchères, les 12, 13, 14, 15, 16 et jours suivans dudit mois,

Par le ministère de M. LACOSTE, Commissaire-Priseur, rue Thérèse, n. 2,

Qui sera assisté par M. HENRY, Commissaire-Expert des musées royaux, rue de Bondy, n. 23,

Chez lesquels se distribue le présent Catalogue.

1829.

IMPRIMERIE DE A. CONIAM,
FAUBOURG MONTMARTRE, N°. 4.

AVERTISSEMENT.

Il y a eu un an, au mois d'Avril dernier, que feu M. Francillon nous confia la vente de l'intéressant Cabinet de choses curieures qu'il avait en grande partie formé durant le cours de ses fréquens voyages. On sait qu'après les affections de son cœur, ce Cabinet était l'objet de ses soins les plus doux, l'unique source où son esprit pût encore puiser quelques délassemens; et néanmoins il lui fallut s'en séparer, sa santé, qui s'affaiblissait de jour en jour, exigeant qu'il allât respirer l'air d'un climat plus doux. Un pareil sacrifice était sans doute au-dessus de ses forces: à peine l'eût-il consommé, qu'il en éprouva les plus vifs regrets. *Je ne saurais me persuader*, nous disait-il un jour, *qu'un prisonnier envisage avec plus de tristesse les murs où il est renfermé, que je n'en éprouve à voir les murs de mon appartement sans tableaux. Sans tableaux, sans objets d'arts, la plus agréable des demeures ne peut être désormais pour moi qu'une pénible solitude.*

Lorsque M. Francillon nous parlait ainsi, nous étions au mois de mai; les beaux jours reparurent et leur influence salutaire lui rendit un peu de vie; en même-tems se ranima sa passion dominante, et telle en fut bientôt la nouvelle ardeur, qu'il lui devint impossible d'y résister. Ce fut alors, qu'oubliant son voyage et les soins qu'il devait à sa santé, il s'occupa avec une activité sans exemple et en prodiguant l'argent, à recomposer la curieuse et riche collection dont nous donnons le Catalogue.

Les personnes qui, par amusement ou par spéculation, sont dans l'usage d'assister aux ventes de Tableaux, y voyaient, il y a peu de tems encore, M. Francillon braver imprudemment les rigueurs de l'hiver, et attendre avec un courage qui étonnait tout le monde l'occasion d'ajouter quelque chose à son Cabinet. On eût dit qu'il ne vivait plus que pour les Arts, et qu'eux seuls conservaient encore à son sang le peu de chaleur qui l'empêchait de se glacer. Trop de fatigues, trop d'imprudences hâtèrent enfin le terme de sa languissante carrière; il mourut en rêvant à la nouvelle source de plaisirs qu'il venait de se créer.

Ce qui, indépendamment de l'action, de l'espèce d'avidité, on peut le dire, que M. Francillon avait mises à se refaire un Cabinet, achevera de faire connaître sa passion pour les objets d'arts, c'est l'étonnante quantité de choses qu'il était parvenu à rassembler dans le court intervale de six mois seulement. Combien de bons Tableaux! combien de Sculptures, de Bronzes et de Meubles rares! quelle quantité de Tabatières aussi précieuses que variées! en un mot, que de choses sur lesquelles nous appelons l'attention des Amateurs!

Les lettres doivent à feu M. Francillon, une intéressante traduction abrégée de *la Storia pittorica della Italia*, de l'abbé Lanzi.

Catalogue

D'UNE NOMBREUSE ET INTÉRESSANTE COLLECTION

D'OBJETS DE CURIOSITÉ.

ECOLES D'ITALIE.

L'ALBANE (d'après FRANÇOIS).

1. — Cybèle assise sur un char avec Flore, Cérès, Bacchus et Pomone, invoque Phébus en faveur des productions de la terre, que sa chaleur vivifiante fait croître et mûrir.

ANDREA DEL SARTE (ANDREA VANNUCCI dit).

2. — Portrait de femme.

Cette figure, vue à mi-corps et vêtue de rouge, se détache, mais avec beaucoup d'accord, sur un rideau vert. Des traits réguliers, un air grave, un maintien noble, lui donnent un attrait qui fixe les regards sur elle: son costume est celui des dames florentines du quinzième siècle. B. H. 34 p. L. 26.

Ce beau portrait, apporté de Florence par M. Francillon était très estimé dans cette ville. Les grandes qualités pittoresques qu'on y admire, le nom d'Andrea del Sarte doivent appeler sur lui de la part des amateurs une attention réfléchie qui, beaucoup mieux que nos éloges, les mettra dans le cas de l'apprécier à sa juste valeur.

3. — Portrait d'un Cardinal.

Il est assis dans un fauteuil et lit une lettre. B. H. 36 p. L. 26.

ANGELICO DAFIESOLE.

4. — Plusieurs saints personnages rangés au pied de la croix où Jésus vient d'expirer. B. H. 13 p. L. 18.

On se rappelera peut-être qu'à raison de la rareté des tableaux du frère Angélique, celui-ci fut vendu publiquement il y a quelques années au delà de 1, 400 f.

5. — Deux tableaux représentant chacun une demi-figure peinte et se détachant sur un fond doré.

BASSANO (LEANDRE).

6. — La construction de l'Arche de Noé.

BELLINO (GIOVANNI).

7. — Cette rare peinture est décrite au N°. 8 du Catalogue des tableaux de M. Denon. C'est une de celles que cet amateur a fait lithographier pour un ouvrage qu'il se proposait de publier. B. H. 30 p. L. 39.

Debout, entre saint Joseph et sainte Catherine, Marie écoute, avec le sentiment de la piété la plus profonde, une lecture que fait son époux. Devant elle, sur un mur à hauteur d'appui, est placé son divin fils, dont le regard se porte sur la jeune Néophyte qui doit un jour contracter avec lui une alliance éternelle et pure.

BOLOGNESE (genre de François GRIMALDI dit).

8. — Joli petit tableau représentant Diane surprise au bain par Actéon. B. ovale; H. 6 p. L. 9.

BONACCORSI (ou PERINO DEL VAGA).

9. — Le lever de l'Enfant Jésus.

L'Enfant Jésus sortant de son berceau se précipite dans les bras de sa mère qui a mis un genou en terre pour le recevoir. A son lever assiste sainte Catherine tenant le petit saint Jean-Baptiste par la main : saint Joseph placé derrière son épouse, est accoudé sur un piédestal de colonne, et regarde son fils adoptif avec gravité. B. H. 37 p. L. 35.

Ce tableau sort de la belle collection que M. le Comte Deforêt avait formée en espagne pendant le cours de son ambassade, et que nous fûmes chargés de vendre au commencement de Janvier 1822.

BORDONE (PARIS).

10. — Portrait d'homme à mi-corps , tête nue , le coude appuyé sur une table. Toile colée sur bois.

11. — Portrait d'homme avec barbe et moustache.

Il est représenté à mi-corps, tête nue, vêtu de noir. T. H. 35. p. L. 26.

BRONZINO (ALESSANDRO ALLORI, dit).

12. — Portrait d'une Dame ayant un livre à la main. B. H. 26 p. L. 19.

13. — Buste de jeune femme.

Elle est coiffée d'un bonnet d'étoffe à fleurs ; son corsage est très décoleté.

BUONAROTTI (École de MICHEL ANGE).

14. — Le corps de Jésus détaché de la croix.

Le corps du Christ est soutenu par deux Anges qui mêlent leurs larmes à celles de sa mère. Ce tableau paraît bien être un de ceux que les élèves de Michel-Ange peignaient d'après ses dessins.

CANO (ALONZO).

15. — Repos de la sainte famille.

La Vierge assise sur le devant d'un paysage presse l'Enfant-Jésus contre son sein, à côté d'elle est saint Joseph; des Anges voltigent dans l'air et l'embaument avec des roses. T. H. 82 p. L. 61.

Une grande fraicheur de coloris, des détails pleins de vérité, beaucoup de franchise et de fermeté dans l'exécution, telles sont les qualité dominantes de ce tableau.

CARRACHE (par un Élève des).

16. — Descente de croix.

Les restes inanimés de l'homme Dieu sont posés à terre aux pieds de Marie, dont la profonde douleur se manifeste par un morne abattement. La Madeleine et deux autres saintes femmes accompagnent la Vierge et pleurent la mort de leur divin maitre. B. H. 15 p. L. 11.

CARRACHE (de l'Ecole des).

17. — Portrait d'homme vu à mi-corps et assis dans un fauteuil. T. H. 44 p. L. 33.

CIGNIANI (CARLO).

18. — La chasteté de Joseph.

Vainement la femme de Putiphar a tout fait pour séduire Joseph et le retenir près d'elle ; il s'échappe de ses bras, les yeux tournés vers le ciel ; et prie Dieu de lui aider à défendre sa vertu des périls dont elle est menacée. C. 20 p. L. 17.

Ce tableau est aussi agréable que bien conservé ; il est d'ailleurs du nombre de ceux qu'on ne trouve que rarement.

19. — Jupiter et Danaé.

Étendue sur son lit, la belle prisonnière oublie dans le sommeil les ennuis de sa captivité. Une pluie d'or tombe sur elle et annonce l'arrivée du Dieu que ses charmes ont énivré d'un ardent amour. T. Ovale H.

CORREGIO (attribué à ANTONIO ALLEGRI OU LIETI, dit IL).

20. — Le Christ au jardin des Oliviers.

M. Francillion a fait placer une gravure de ce Corrège dans sa traduction de Lauzi. — Voici en peu de mots comment il est composé.

Jésus, à genoux au pied d'un rocher, lève avec tristesse ses regards vers le ciel, et en voit descendre l'Ange qui est chargé de lui présenter la coupe d'amertume à laquelle il vient de se résigner, en se soumettant à la volonté de son père. Sur un plan inférieur à celui qu'occupe Jésus, et tout-à-fait sur le devant du tableau, sont représentés les apôtres Pierre, Jacques et Jean : tous trois plongés dans le sommeil. Une lumière douce, émanant de l'esprit céleste, éclaire le rédempteur, se répand sur tout ce qui l'environne et dissipe en partie les ombres de la nuit. Dans le lointain on aperçoit à la lueur de leurs torches, les gens armés auxquels Judas à vendu son maître.

CRESPI (genre de MARIA).

21. — Deux petit tableaux faisant pendans.

L'un représente un marchand de liqueurs; l'autre une mère de famille avec ses enfans. C. H. 4 p. 6. lig. L. 6. p. 6. L.

DOLCI (AGNÈS).

22. — La Vierge Marie.

Elle est représentée à mi-corps; la tête affublée d'une mante bleue. Ses mains jointes, ses yeux tournés vers le ciel, son expression, avant tout, indiquent qu'elle élève ses pensées vers Dieu. T. H. 22 p. L. 16.

FRA BARTOLOMEO (BACCIO DELLA PORTA surnommé).

23. — Saint Michel Archange et saint Jean-Baptiste.

Saint Michel armé d'une épée et soulevant une balance, foule aux pieds un monstre qu'il a terrassé.

Saint Jean, une croix à la main et censé prêchant, indique, par l'action de sa main droite tournée vers le ciel, qu'il instruit ses auditeurs des voies qu'ils doivent suivre pour y parvenir. B. H. 10. L. 14.

GAROFILO (BENVENUTO TISIO, dit).

24. — Une sybille.

La prophétesse debout, la main sur un livre, paraît frappée d'une inspiration divine. Ce tableau était à

Rome dans la collection du comte Cardelli. B H. 16 p. L. 11 p. Forme cintrée.

GAROFILO (attribué à BENVENUTO).

25. — La sainte Famille et autres personnages.

Assise sur un trône abrité d'une draperie, la Vierge tend les bras à l'Enfant-Jésus que soutient une jeune femme à qui elle a bien voulu le confier un moment. B. H. 15 p. L. 14.

GIORGIONE (genre de).

26. — Tableau de famille.

Une jeune personne, sous la conduite de sa gouvernante, présente des fleurs à son père.

LOCATELLI (genre de).

27. — Deux paysages : vues de Rome.

L'une est prise du *Campo Vaccino*, et nous offre les ruines du palais des empereurs, les colonnes du temple de *Jupiter stator* et autres édifices; dans le second point de vue, pris *extramuros*, on remarque le temple de Vesta et la pyramide de Caïus Sextus.

MOLA (JEAN-BAPTISTE).

28. — Saint François stigmatisé.

Ce sujet est représenté dans un paysage très-pittoresque et tout-à-fait dans le goût d'Annibal Carrache. L'Albane employa souvent le pinceau du Mole à remplir les fonds de ses tableaux. C. H. 14. p. L. 17.

29. — Narcisse se mirant dans une fontaine. T. H. 18 p. L. 22.

MAZZUOLI (Girolamo).

30. — La sainte Famille.

Jésus, assis sur les genoux de sa mère, tient un chardonneret à sa main; saint Joseph est debout à la droite de Marie. T. H. 50 p. L. 38.

Une restauration mal faite a singulièrement dénaturé ce tableau.

MORONI.

31. — Portrait d'homme.

C'est sans doute celui d'un noble Vénitien. Il est représenté nu tête, à mi-corps, vêtu de noir, la main gauche sur la hanche, et montrant de la droite une espèce de joyau. Près de lui est une table sur laquelle on remarque un écrin. T. H. 38 p. L. 29.

MURILLO (Barthelemi Etienne).

32. — Paysage pastoral.

Deux pâtres, accompagnés d'un chien qui repose à leurs pieds, gardent, au milieu d'une campagne inculte et découverte, un petit troupeau de vaches et de brebis. Tout près du lieu qu'ils ont choisi, quelques oies s'ébattent dans le bord d'un étang qui est censé s'étendre en dehors du point de vue.

33. — Paysage pastoral.

Les brebis de plusieurs troupeaux se pressent autour d'une auge où leurs gardiens ont coutume de venir chaque jour les abreuver; plusieurs pâtres les rassemblent, tandis qu'un de leurs camarades remplit l'auge avec l'eau d'un puits. Une seule bergère ne prend aucune part à ces occupations : assise isolée près du réservoir, la houlette à la main, elle s'entretient avec son cœur, et s'inquiète peut-être de ne pas voir paraître le berger qu'elle préfère.

MURILLO (attribué à).

34. — La Vierge et son fils.

Jésus est assis sur les genoux de sa mère qui en fait ses plus tendres délices. T. H. 36 L. 30.

35. — Autre tableau représentant le même sujet différemment composé. T. H. 32 p. L. 30.

36. — Deux tableaux.

L'Enfant-Jésus et saint Jean-Baptiste enfant.

NAPOLITAIN (Philippe).

37. — Deux petits tableaux.

Dans l'un est représenté un choc de cavalerie ; on voit dans l'autre des cavaliers arrêtés sur le devant d'un champ de bataille.

PARMIGIANINO (Francesco Mazzuoli dit il).

38. — Jupiter et Léda, peinture en camaïeu.

Ce tableau est gravé dans l'ouvrage de M. Francillon. T. H. 23 p. L. 29.

PARMIGIANINO (genre de).

39. — Deux tableaux représentant, l'un un prophète ; l'autre une sybille.

PASSIGNANO (Domenico).

40. — Descente de croix.

Quatre Anges, tenant des cierges allumés, veillent avec Marie sur le corps de Jésus. T. H. 38 p. L. 27.

PERUGINO (d'après PIETRO).

41. — L'archange saint Michel triomphant du démon.

RIBERA (JOSEPH).

42. — Buste d'homme représenté nu-tête. On a agrandi ce tableau.

SALVATORE ROSA.

43. — Paysage.

Le point de vue se compose d'un port, d'une rivière et de rochers : plusieurs figures ornent le premier plan. T. H. 14 p. L. 9.

Ce petit tableau est d'une couleur claire et parfaitement dégradée. Quant au *faire*, il est de cette franchise, de cette solidité qu'on distingue dans les différens genres de peinture que Salvatore cultiva, et qu'il traita tous avec autant de réussite que d'originalité.

SALVATORE (style de).

44. — Deux paysages. T H. 12 p. L. 19.

SCHEDONE (BARTOLOMEO).

45. — La décollation de saint Jean-Baptiste.

Salomé, fille d'Hérodias, tient en main la tête du précurseur; derrière elle est le bourreau qui vient de lui prêter son cruel ministère. La manière de Schedone est ici de toute évidence. T. H. 27 p. L. 20.

SCHEDONE (BARTOLOMENEO).

46. — Copie faite d'après le fameux tableau qu'on

nomme vulgairement *le saint Jérôme du Corrège ;* outre que le nom du Schedone la rend précieuse, il faut convenir qu'elle donne une très-juste idée de l'original. B. H. 12 p. L. 11.

SCHIAVONE (André).

47. — La naissance de la Vierge.

Des figures sveltes et gracieuses méritent à ce petit tableau l'attention des amateurs de peintures italiennes. B.

TASSI (Augustin).

48. — Paysage.

Un autre peintre y a représenté David jouant de la harpe devant Saül. T. H. 30 p. L. 38.

49. — Paysage.

Sur le devant, un piéton marche à côté d'un homme à cheval, et semble causer avec lui. T. H. 34 p. L. 46.

50. — Deux paysages.

Ils sont ornés de figures par Jean Miel.

TASSI (attribué à Augustin).

51. — Paysage.

A droite une fortification sur le bord d'une rivière ; à gauche des arbres et une masse de rochers; sur le premier plan un chevrier gardant son troupeau.

TIEPOLO (Giovanni Battista).

52. — Portrait en buste d'une Italienne.

Elle est en partie vue par le dos, et vêtue d'un corsage vert à manches blanches.

TINTORETTO (Jacopo Robusti dit il).

53. — Portrait d'homme, coiffé d'une calotte noire: Buste.

TITIEN (d'après le).

54. — Jupiter et Danaé.

La belle captive, assise sur son lit, voit sans étonnement la pluie d'or qui pénètre dans sa prison. L'amour au contraire semble fuir; aux chaînes d'or il préfère les liens de fleurs. T. H. 42 p. L. 60.

UGGIONE (Marco).

55. — L'Enfant-Jésus dans les bras de sa mère.

Marie est vue à mi-corps, et contemple son fils avec le tendre ravissement d'une heureuse mère. Les regards de Jésus sont dirigés sur le spectateur. B. H. 19 p. L. 15 p. 6 lig.

Les ouvrages d'Uggione ont beaucoup du style de Léonard. Dans celui-ci, on admire surtout un précieux fini joint à beaucoup de grace et de naïveté. Nous ne saurions trop inviter les amateurs à ne pas le perdre de vue, rien ne devenant plus rare qu'un tableau italien aussi agréable et aussi parfait.

VACCARO (André).

56. — La sainte Famille et le petit saint Jean-Baptiste.

Jésus endormi sur les genoux de la Vierge, est pour les yeux de cette bienheureuse mère l'objet d'un inexprimable ravissement, et d'une profonde vénération pour le jeune précurseur. T. H. 68 p. L. 48.

Nous prions les amateurs de ne point passer trop légèrement devant ce tableau, dont beaucoup de parties nous semblent être d'une grande beauté.

VANNI (François).

57. — Une figure d'ange représentée en buste.

Elle est remarquable par la finesse des demi-teintes, et en général par la fraîcheur du coloris. B. H. 20 p. L. 15.

VERONESE (Paolo Cagliari, dit il).

58. — Portrait d'un noble Vénitien.

Il est vêtu de noir, vu à mi-corps et de grandeur naturelle. T. H. 44 p. L. 30.

59. — Portrait de femme, avec corsage noir sans manches.

60. — Portrait de femme.

Elle est vue jusqu'à mi-cuisse, et richement costumée. T. H. 38 p. L. 30.

61. — Portrait d'homme.

Sa parure se compose principalement d'une toque à panache et d'un manteau noir. T. H. 43 p. L. 32.

62. — Portrait de deux époux : figures à mi-corps.

L'homme tient une lettre de la main droite, et s'appuie de l'autre sur l'épaule de sa femme. Celle-ci tient son mouchoir. T. H. 39 p. L. 30.

VÉRONÈSE (Carletto Cagliari).

63. — Les noces de Cana.

Il convient de remarquer ici que cette composition n'a aucun rapport avec celle de Paul, ni pour l'ordonnance, ni pour les figures, ni pour les moindres détails. Aux deux côtés de la table qui se dessine en raccourci, se voient des buffets garnis de vaisselle, et plusieurs valets occupés à servir les convives. T. H. 48 p. L. 48.

Nous ajouterions ici quelques mots touchant le coloris de ce tableau si le nom seul de Véronèse n'était beaucoup plus significatif que tout ce qu'on pourrait dire sur ce sujet.

VERONESE (Alexandre).

64. — Susanne et les vieillards.

Elle se défend de la violence qu'ils emploient pour attenter à sa pudeur. T. H. 15 p. L. 18.

VINCI (attribué a Léonard de).

65. — Portrait de jeune femme : Buste.

Ce portrait, que l'on croit être celui de la célèbre Diane de Poitiers, a été lithographié comme tel et avec beaucoup d'exactitude par M. Durand. B. H. 20 p. L. 15.

ÉCOLES DES PAYS-BAS.

ASPHOVEN.

66. — A quelques pas d'un cabaret, cinq paysans Belges font une partie de quilles, et s'amusent en même temps à boire et à fumer. B. H. 16 p. L. 27.

ARTOIS (Jacques Van).

67. — Paysage.

Plusieurs flaques d'eau, entrecoupées d'arbres, baignent les premiers plans de ce tableau qu'animent plusieurs figures.

BERCHEM (d'après).

68. — Une femme à pied, une corbeille au bras, en accompagne une autre qui est montée sur un mulet.

69. — Villageois se dirigeant avec des bestiaux vers une rivière, au-delà de laquelle est une tour ruinée attenante à une grande arche de pont. T.

BLOEMEN (Pierre-Van).

70. — Intérieur de tabagie.

Un homme fume tranquillement sa pipe, tandis qu'un autre fait une malice à une femme qui vient de s'endormir. B. forme ronde ; diamètre 10 pouces.

BLOMAERT (genre d'Abraham),

71. — Le génie de la vie, sous la forme d'un enfant ailé, présidant aux travaux des Parques occupées à tramer les jours des hommes, éteint le feu dont le génie de la mort tâche d'embraser la quenouille de Clothon. Aux pieds des trois fatales déesses, est un agneau percé d'un dard. B. ovale. H. 14 p. L. 15.

BOTH (attribué a Jean).

72. — Paysage.

A gauche une grande masse de rochers surmontée des

ruines d'une ancienne fortification; au pied de ces rochers, une petite maison; à droite une campagne découverte formant une perspective d'une immense étendue; sur le devant, un villageois tenant son cheval par la bride. T. H. 14 p. 6 lig. L. 13 p. 6 lig.

BRAUWER (Adrien).

73. — Intérieur d'estaminet.

Trois hommes et une femme sont assis à une table, sur laquelle le maître de l'estaminet pose une cruche de bière. Un des hommes élevant à deux mains un verre plein, qu'il est près de vider, exprime par ce geste l'excellence de la liqueur et le plaisir qu'elle lui fait éprouver. B. H. 12 p. 6 lig. L. 10 p. 6 lig.

BREENBERG (Bartholomée).

74. — Paysage avec ruines.

Un paysan, marchant à côté de son cheval, va passer une rivière à gué. C. H. 6 p. L. 5.

BRILL (Paul).

75 — Paysage.

Il est enrichi par un grand nombre de jolies figures peintes dans le goût de Josepin, et représentant le sujet de Diane surprise au bain par Actéon. B. H. 14 p. L. 19.

CALVART (Denis).

76. — L'adoration des bergers.

Couché sur un peu de paille, au milieu de l'étable où il vient de naître, le fils de la Vierge est entouré des bergers qui sont accourus à la voix de l'ange pour lui rendre hommage. B. H. 15 p. L. 19.

Calvart commença le grand œuvre que les Carrache achevèrent si glorieusement ; nous voulons dire que ce fut lui qui fit les premiers efforts pous relever la peinture de l'état d'abaissement où il l'avait trouvée dans Bologne. Vanter pour l'abondance des figures et l'esprit de la composition, les petits tableaux dont il enrichit plusieurs villes d'Italie, c'est louer en même temps celui-ci.

CRAESBEKE (I. V.).

77. — Portrait d'homme.

DEHEUSCH (GENRE DE)

78. — Paysage enrichi de quelques figures, et vu au coucher du soleil. T. H. 36 p. L. 60.

DIEPENBEKE (ABRAHAM).

79. — Mercure et Argus.

Chargé par Jupiter de tuer Argus, et de rendre la liberté à la vache Io, Mercure charme avec sa flûte le vigilant gardien et parvient à l'endormir. T. H. 27 p. L. 41.

Ce tableau qui est gravé sous le nom de Rubens, est d'un coloris si harmonieux et si flatteur, d'un pinceau si franc et si léger, qu'on est tout près de le croire de la main de cet artiste célèbre.

DOW OU DOWEN (SIMON).

80. — Paysage.

Des villageois passent un gué avec un troupeau de bestiaux. T.

DUBBELS (H.)

81. — Marine.

Le ciel est obscurci par d'épais nuages, et la mer, agitée par un gros vent, semble s'irriter contre les obstacles que lui oppose une côte hérissée de rochers et défendue par une fortification. Cependant un navire levantin longe cette côte pour gagner l'abri d'un port. T. H. 17 p. L. 24.

Ce tableau, dernièrement attribué à Bakhuysen, a selon nous, beaucoup moins de rapport avec les ouvrages de ce maître, qu'avec ceux de Dubbels ; aussi avons-nous préféré ce dernier nom : quoi qu'il en soit, le mérite de cette marine frappera les yeux de tous les connaisseurs.

EECKHOUT (G. Vanden).

82. — Portrait d'homme en costume de guerrier, avec une toque à plume sur la tête. T. H. 30 p. L. 25.

83. — Le retour de l'Enfant prodigue.

Cette composition est riche de sept à huit figures, et traitée dans le goût de Rembrandt. A moitié nu, à genoux devant son père qui lui ouvre les bras, le prodigue implore humblement son pardon. T. H. 39 p. L. 30.

Les amateurs voudront bien donner un peu d'attention à ce tableau, sur lequel on lit le nom de Rembrandt.

ELSHEYMER (Adam).

84. — Paysage.

Le peintre y a représenté le fils de Tobie sous la conduite de l'ange Gabriel. C. H. 9 p. L. 14.

EVERDINGEN (Genre de).

85. — Paysage avec chute d'eau. T. H. 24 p. L. 20.

FABRICIUS (   ).

86. — L'ânesse de Balaam.

Le pauvre animal, couché par terre, se tourne vers son maître comme pour se plaindre des coups de bâton qu'il reçoit, et lui faire entendre que son chemin est barré par un ange armé d'une épée.

FRANC (François).

87. — Jésus sur la croix.

La Vierge pleure la mort de son fils; à ses larmes se joignent celles de l'apôtre bien-aimé; la Madeleine embrasse la croix et semble ne pouvoir s'en détacher. C. ovale. H. 12 p. L. 10.

GELDER (Arnould de).

88. — Portrait d'homme, coiffé d'une toque ornée de pierreries. L'exécution en est tout-à-fait *Rembranesque*. B.

GRAAT (Bernard).

89. — Le concert de société.

Au bas d'un péristyle, aux colonnes duquel est suspendue une ample draperie, quatre dames, accompagnées d'autant de cavaliers, forment un petit concert, où leurs voix s'unissent aux sons de plusieurs instrumens. T. H. 20 p. L. 16.

Le pinceau flexible de Graat a réussi dans tous les genres. Il réunit l'esprit à la suavité, la vérité du coloris à l'entente du clair-obscur, le goût à la variété.

HELST (Attribué à Bartholomé Vander).

90. — Bourguemestres recevant une députation.

Ces magistrats, au nombre de cinq, entourent une table placée à l'abri d'une grande draperie sur le parvis d'un hôtel-de-ville. Devant eux se présente une députation dont le chef, chargé d'un important message, a la tête découverte et la canne à la main. Son costume est celui des grands officiers de la cour des princes d'Orange. Au second plan, on voit une tente et des soldats faisant une décharge de coups de fusils tirés en l'air en signe de réjouissance. Ce fait, on n'en peut douter, se rattache à quelque grande époque de l'histoire des Pays-Bas. Au moyen de quelques recherches, on parviendrait à l'expliquer. T. H. 43 p. L. 58.

Cet intéressant tableau est encore un de ceux auxquels nous nous sommes fait un devoir de conserver les noms sous lesquels on les a acquis. Les connaisseurs, dans ce cas, ne devront s'en tenir qu'à leur propre jugement.

HOET (Gérard).

91. — Sacrifice à Latone.

Tandis que des parfums brûlent sur l'autel de la déesse, plusieurs jeunes filles apportent des guirlandes de fleurs pour orner sa statue. T. H. 20 p. L. 26.

HOREMANS (le vieux).

92. — Deux tableaux : guinguette flamande et bal de carnaval. T.

HUYSUM (Jacob Van).

93. — Bouquet de fleurs arrangées dans un vase de terre cuite posé sur une table de marbre.

Bien choisies, disposées avec tant d'art, qu'elles se font valoir réciproquement, ces fleurs ont toute la fraicheur, tout l'éclat désirable, et l'on pourrait presque dire, que les roses, les tulipes, les iris, les jacinthes, les oreilles d'ours, les boules de neige de nos parterres, n'étaient pas de plus brillantes parures. Au tour du vase est un bas relief représentant des jeux d'enfans. Sur le marbre, sont placés des grenades, un melon et un chardonneret. T. H. 33. p. L. 28.

KABEL (Adrien Vander).

94. — Paysage dans le goût du Lorrain.

Un homme conduisant un cheval, se dirige vers une rivière. T.

KLOMP (A).

95. — Bestiaux dans une prairie. T. H. 11. p. L. 13.

LEEUW (Vander).

96. — Paysage pastoral.

Deux pâtres assis sur le gazon, veillent ensemble sur un petit troupeau. T. H. 9 p. L. 8.

97. — Autre paysage du même genre.

Une villageoise, assise près d'une fontaine, allaite son enfant, et fait paître son troupeau. T. H. 9 p. L. 8.

Ces deux petits tableaux approchent beaucoup des ouvrages d'Adrien Vande Velde.

98. — Paysage.

Une femme assise au pied d'un arbre garde des vaches et des brebis.

MIERIS (François).

99. — Dame hollandaise ayant un petit chien dans ses bras.

Sa tête est couverte d'un chapeau garni d'un panache; un voile léger, ramassé vers l'épaule droite, par-dessus une chemise tombante, laisse son sein à moitié découvert; une robe de satin blanc, dans un désordre arrangé, couvre le reste de son corps. B. ovale. H 5. p. 6. lig., L. 4. p. 3 lig.

Ce joli tableau a fait partie de plusieurs cabinets fameux, notamment de celui de M. de Sereville.

MIGNON (Abraham).

100. — Groupe de fruits.

Ce beau tableau réunit dans chacun de ses détails, l'exécution la plus parfaite à toute la vérité d'imitation qu'il est possible d'obtenir. Ces raisins, ces pêches, ces prunes, ces abricots, ces mûres, ce melon, semblent remplis d'un jus excellent. Il ne manque à ces insectes que mouvement, à cet oiseau qui est près de son nid, que le la faculté de chanter, ou d'exprimer ses craintes pour sa couvée. T. H. 32, p. L. 28.

MOMMERS (Henri).

101. — Des femmes venues d'un village voisin pour acheter des provisions de bouche, s'arrêtent devant les étalages de deux marchandes de légumes et de gibier. B. H. 20 p. L. 16.

MOMPER (Josse).

102. — Paysage représentant une grande étendue de pays.

MOOR (Carle de).

103. — Portrait en buste.

Il représente une dame hollandaise ayant la gorge demi-nue et les cheveux ornés d'un panache. B. ovale. H.

Quelques personnes ont pensé qu'il serait plus juste d'attribuer ce joli tableau à François Mieris, le vieux.

MORELS (Paul).

104. — Portrait de femme à mi-corps, tenant son mouchoir d'une main, et s'appuyant de l'autre, sur le dossier d'un fauteuil. B H. 39. p. L. 27.

MOUCHERON (Frédéric de).

105. — Paysage.

Jean Lingelbach a orné ce tableau de plusieurs figures si jolies, si moëlleusement exécutées qu'au premier aspect, on les croit de la main de Vande velde. Sur le devant, dans un large chemin ombragé par une haute colline, est un voyageur resserrant la sangle d'une bête de somme, tandis qu'un rustre qui est près de lui, frappe son âne à coups de bâton, sans parvenir à vaincre son indocilité; sur un autre plan, est un colporteur assis à terre, la hotte sur le dos, et ailleurs une femme menant un enfant par la main. A l'extrémité du chemin, sous un rocher taillé en voûte, se voit encore un autre homme conduisant des bestiaux. Sur la colline enfin, s'élève une tour parmi beaucoup d'arbres dont le feuillé est rendu avec autant de goût que de légèreté.

OSTADE (Adrien Van).

106. — Deux portraits d'enfans.

Ces deux jolis tableaux proviennent du cabinet du président de Saint-Victor. On a toujours pensé que ce sont les portraits de deux fils de l'auteur. B. H. 8. p. L. 6.

PALAMEDES (Antoine).

107. — Société de jeunes gens et de femmes galantes.

Tandis que l'un d'eux savoure à longs traits la liqueur dont une des femmes s'attache à l'enivrer, une autre femme se traîne furtivement derrière la chaise où il est assis et parvient à lui dégarnir le gousset. B. H. 20 p. L. 24.

Une remarque qui a dû échapper à plus d'un amateur, c'est que Descamps, dans sa note sur Palamèdes Stevens, a estropié le nom de cet artiste qui ne s'appelait pas *Stevens* mais Stevaert, comme le prouve la signature que nous avons vue sur plusieurs de ses ouvrages.

Il ne faut pas confondre avec ce Palamedes Stevaert, peintre de bataille, Antoine Palamedes qu'on croît s'être nommé aussi Stevaert, et qui est l'auteur du tableau dont nous venons de parler. Celui-ci naquit à Delft en 1604 et vécut jusqu'à l'âge de 76 ans, en consacrant ses pinceaux aux portraits, aux conversations, aux scènes galantes et aux sujets de Corps de garde.

PALAMEDES (Stevaert).

108. — Halte de cavaliers devant une tente de cantinier, dressée sur la lisière d'un camp. Les uns prépa-

rent leurs pipes ; d'autres se régalent d'un verre de vin. B. H. 12 p. L. 16.

PELT (J. H. R.).

109. — Un jeune marchand de poisson à côté de son étal, et tout près de lui un vieillard lisant une gazette. T. H. 15. p. L. 14.

On a donné ci-devant à ce tableau le nom de Corneille du Sart avec les ouvrages duquel il a en effet beaucoup de rapport. Mais en l'examinant très-attentivement, nous y avons découvert une marque qui nous a paru ne pouvoir être interprêtée autrement que par un J., un H et un R liés ensemble et le mot Pelt.

POELENBURG (Corneille).

110 — Deux petits tableaux du meilleur temps de ce maître. Dans l'un un jeune homme accourant au devant d'une femme; dans l'autre un pâtre chassant un troupeau. Les fonds enrichis de ruines représentent des vues prises dans les environs de Rome. C. H.

PORBUS (François.)

111. — Portrait de femme avec corsage rouge et collerette de dentelle à festons. T. H. 21 p. L. 18.

ROOS (de Tivoli).

112. — Deux chiens et du gibier. T. H. 30 p. L. 36.

RUBENS (Pierre-Paul).

113. — Les portraits de Rubens, de sa femme et de ses enfans.

Nous avons conservé à ce beau tableau le nom sous

lequel on l'a déjà vu paraitre en vente publique. Ce qu'on peut alléguer de plus fort en faveur de ce titre brillant, c'est l'étude sérieuse que Rubens fit à Venise des ouvrages de Paul Véronèse avec lesquels ces portraits ont quelque rapport du côté de la couleur et de l'exécution. Quoiqu'il en soit, personne ne niera qu'on ne remarque ici tout ce qui distingue le peintre coloriste, le savant praticien.

SCHELLINCX (Guillaume).

114. — Paysage.

Il est baigné par une rivière où des paysannes viennent de laver du linge, et que des voyageurs se disposent à traverser à gué. B. H. 10 p. L. 14.

SCHUZ (Corneille) de Francfort,

115. — Paysage.

Il représente une vue prise sur les bords du Rhin et enrichie d'une quantité de figures qu'il serait difficile de rendre avec plus de perfection. Quand les ouvrages de Schuz sont de la beauté de celui-ci, on peut sans exagération, les élever au niveau de ceux d'Herman Saft-Leeven. C. H. 8 p. L. 12.

SEGHERS (Daniel).

116. — Guirlande de fleurs et de fruits suspendue dans une niche avec deux nœuds de ruban. B. H. 18 p. L. 24.

On ne peut rendre ce genre d'objets avec plus de finesse, de fraîcheur et de vérité.

SLINGELANDT (Pierre Van).

117. — Jeune femme assise le coude posé sur un mur à hauteur d'appui, et l'esprit profondément occupé de quelque souvenir. B.

SOOLMAKER (   ).

118. — Paysage enrichi de figures et d'animaux. Deux vaches, plusieurs chèvres et brebis sont groupées près d'une fontaine, sur le devant du tableau. Au-delà vient une paysanne montée sur un âne et suivie d'un valet qui chasse d'autre bétail. B. H. 13 p. L. 16.

Soolmaker si souvent lourd dans son exécution, approche ici de Berchem pour la légèreté du pinceau aussi bien que pour la transparence et la chaleur du coloris.

STEEN (Jean).

119. — La marchande de beignets.

Elle est assise au coin d'une rue, devant le feu où elle fait cuire ses beignets. Un enfant en jaquette lui en demande pour la valeur d'une petite pièce de monnaie. Près d'elle sont encore arrêtés deux vieilles gens du bas peuple. A sa gauche est une table où sont placés du beurre, des pommes et autres objets de son petit commerce. L'ensemble de ce tableau est simple et naturel; chaque figure semble penser; chaque détail décèle une grande habileté de pinceau.

120. — Scène de buveurs.

A la porte d'un cabaret un buveur intrépide, poursuit, le verre à la main, un de ses amis, déjà chancelant, que sa femme entraîne avec elle. B. H. 11 p. L. 10.

TENIERS (David).

121. — Paysage.

Saint Christophe portant l'Enfant-Jésus sur ses épaules est au milieu d'une rivière qu'il raverse à gué.

Il est à remarquer que Teniers s'est distingué dans le dessin de ces deux figures. Quant au paysage, il ne s'y est pas écarté de ses formes accoutumées : chaque détail accessoire y décèle son style, comme chaque touche y brille de l'esprit de son pinceau ; du reste, on peut dire qu'il était dans la maturité de son talent, lorsqu'il a peint ce petit tableau. C. H. 8 p. L. 10.

TENIERS (genre de).

122. — Les apprêts d'un grand festin.

Tandis que deux aides de cuisine sont occupés à plumer ou à vider différentes pièces de volaille ou de gibier, leur chef donne un coup-d'œil à trois broches abondamment garnies qui tournent devant un large foyer. B.

123. — La délivrance de saint Pierre.

Au moment où des soldats font une partie de jeu qui occupe l'attention de leurs camarades, un ange apparaît à saint Pierre pour rompre ses liens et le faire sortir de sa prison.

TERBURCH (attribué à Gerard Terborch, communément nommé).

124. — Le Message.

Assise près d'une table, dans sa chambre à coucher, une jeune femme est occupée de la lecture d'une lettre que vient de lui apporter un messager. Celui-ci debout, la main appuyée sur son bâton attend la réponse de la dame. Dans le fond de la chambre une servante négresse ferme les rideaux du lit. B. H. 22 p. L. 21.

Il ne nous convient pas de nous arrêter à faire l'éloge de ce tableau. On doit se souvenir, *le fait étant tout récent*, que feu M. Francillon l'a payé en vente publique 1,399 fr. C'est là quelque chose de plus significatif qu'une simple louange.

UDEN (Lucas).

125. — Paysage.

Plusieurs figures enrichissent la droite du tableau; à la gauche est une rivière dont l'œil suit le cours jusque dans un extrême lointain. T. H. 27 p. L. 36.

ULFT (Jacques Vander).

126. — La fondation de Carthage.

Didon parcourt avec Énée la ville qu'elle fait bâtir, et lui en montre les principaux édifices : sujet tiré de l'Enéïde de Virgile. T. H. 30 p. L. 48.

De toutes les productions de ce maître que nous avons eu l'occasion de voir à Paris et en pays étranger, celle-ci est la plus considérable. Elle surprend par sa richesse autant qu'elle charme par le dessin de ses petites figures et la variété de leurs groupes.

ULFT (Jacques Vander).

127. — Embarquement de troupes romaines.

De nombreux bataillons d'infanterie et de cavalerie

sortent par plusieurs portes d'une ville située sur le bord d'un fleuve, et s'embarquent sur une flotte. B. H. 17 p. L. 24.

Ce tableau indépendamment de son mérite dans plusieurs parties de l'art, a encore cela d'intéressant qu'il récrée long-temps la vue par l'immensité des détails que l'auteur a fait entrer dans sa composition. C'est l'image presque animée de ces expéditions formidables que la république romaine faisait si fréquemment, soit pour se maintenir dans ses conquêtes, soit dans le dessein d'en entreprendre de nouvelles.

VAN BALEN (H).

128. — Jésus chez Marthe et Marie. T. H. 53 p. L. 66.

On a pensé que les fruits et les légumes qui font partie de cette composition pourraient bien être de la main de Sneyders. Quoiqu'il en soit, ce tableau se recommande par son coloris, qui rappelle celui des plus grands maîtres de l'école flamande.

VAN BALEN.

129. — Bacchus, Cérès, Vénus et l'Amour.

Une jeune femme tire du vin d'un tonneau sur lequel est assis le Dieu des buveurs. B. H. 14 p. L. 19.

VAN EYCK (école de).

130. — La Vierge et saint Jean-Baptiste. B. cintré; H. 13 p. L. 9.

VANLOO (Jacques).

131. — Nymphe de Diane dormant au fond d'un bosquet. T. H. 14 p. L. 18.

VAN-TOL.

132. — Joueur de violon.

Il est placé en dedans de la fenêtre d'une salle à manger, où l'on voit des gens à table.

133. — Le pendant du précédent tableau.

Une femme appuyée sur la tablette d'une croisée, sourit à quelqu'un qu'elle est supposée apercevoir. B. H. 11 p. L. 9.

Ces deux tableaux d'une conservation rare, d'un coloris agréable sont dignes de figurer dans un beau cabinet.

VAN-TOL (ATTRIBUÉ A).

134. — Intérieur de ménage hollandais.

Ce tableau marqué d'une M et que nous inscrivons cependant sous le nom du maître auquel on l'a tout récemment attribué, représente dans l'intérieur d'un ménage une femme plumant une pièce de volaille, et tout près d'elle un enfant dans une chaise fermée. Quelques meubles et ustensiles garnissent le fond de cette naïve composition. B. H. 18 p. L. 15.

Couleur, effet, exécution, tout dans ce tableau atteste qu'il est le fruit d'un beau talent.

VELDE (ADRIEN-VANDEN).

135. — Départ pour la chasse.

Ce précieux tableau, qui porte la date de 1662, sortit en 1777 de la riche et fameuse collection d'objets curieux en tout genre qu'avait formée M. Randon de Boisset; depuis il a orné celle d'un prince russe, après la mort duquel il a été rapporté et vendu à Paris il y a un peu plus de trois ans. Rappeler aux amateurs qu'ils ont vu M. Francillon s'en rendre adjudicataire au prix de 16,001 fr., c'est, il nous semble, la meilleure manière d'en faire l'éloge.

Sur le devant de la composition, à l'ombre d'un mur d'escalier surmonté d'une statue d'Hercule, se reposent deux pèlerins mendians, dont un a le chapeau à la main. Devant eux passe un jeune seigneur donnant la main à une dame qu'il conduit vers un cheval blanc qu'elle va monter. Un écuyer tient la bride de ce cheval. A l'apparition de ces deux personnages, un chasseur en selle fait entendre, au son du cor, le signal du départ. A main droite, à l'entrée d'un bois, sont réunis les fauconniers, les piqueurs et autres valets tenant des chiens en laisse; dans le fond est un équipage de chasse attelé de six chevaux; de tous côtés enfin se peignent aux yeux avec une extrême vérité les apprêts, l'agitation et tout ce qu'ont d'animé les scènes du genre de celle-ci. Un autre prestige nous attache à ce tableau, c'est son coloris; il est si éclatant, il rend si bien l'effet de la lumière du soleil, que la pensée même n'imagine rien de mieux.

Il serait superflu de parler de l'exécution après avoir cité le nom de Vanden-Velde, peintre si admirable sous ce rapport. T. H. 17 p. 6 lig. L. 23 p.

VERSCHUUR (   ).

136. — Marine.

Sur le premier plan des ouvriers calfats sont occupés à carenner un grand navire. T.

VOS (Simon de).

137. — Portrait à mi-corps du comte de Mars. T. H. 38 p. L. 29.

VOS (Corneille de)

138. — Portrait d'homme représenté à mi-cuisse, en habit noir et le chapeau à la main.

139. — Portrait de femme.

C'est le pendant du précédent. B. H. 48 p. L. 32.

VRANX ( ).

140. — Des cavaliers couverts de pieds en cap de leurs pesantes armures combattent dans une plaine, à peu de distance d'une ville entourée de fortifications. T.

VEENIX (J.-B.).

141. — Paysage enrichi de beaucoup de figures.

Un homme et une femme arrêtés près d'une fontaine s'entretiennent avec deux cavaliers qui y font boire leurs chevaux. Un valet, dont ces derniers sont suivis, frappe de son fouet un chien qui aboie contre lui. Beaucoup d'autres personnages et un monument d'architecture attachent successivement les regards sur toutes les parties de ce tableau dont il suffit de dire, pour son éloge, qu'il sortit en 1822 de la collection du président Saint-Victor. C. H. 16 p. L. 20.

WYNANTS (Jean).

142. — Paysage.

Des plantes sauvages, des troncs d'arbres décrépits

enrichissent le devant de ce tableau; dans le lointain se voit, entr'autres personnages, une femme portant un fardeau sur sa tête. T. H. 17 p. L. 22.

A l'intérêt d'un site pittoresque, se joint ici toute la vérité d'une étude faite d'après nature.

ÉCOLE FRANÇAISE.

BOURDON (SÉBASTIEN).

143. — Bacchus revenant des Indes.

Le conquérant et Ariane, l'un près de l'autre, s'appuient sur leurs chars. Ils en sont descendus pour donner à leur troupe quelques momens de repos. Mais une pause pour cette troupe joyeuse n'est autre chose qu'un appel au plaisir. Aussi voit-on les satyres former des danses, tandis que leur jeune et pétulante race lutte ou joue avec les boucs et les panthères. Une seule bacchante ivre se laisse aller au sommeil. T. H. 18 p. L. 24.

Cette bacchanale nous rappelle celles de Nicolas Poussin, ce peintre si profond, si sage, si sensible aux beautés de l'antique, et qui, peut-être, est le plus classique de tous. Ce n'est pas que Bourdon ait manqué de génie, mais il aimait parfois à monter son style sur celui des autres, et n'était jamais au-dessous d'eux dans les imitations. Rien ne prouve mieux l'étendue de son génie et combien il était riche d'observations.

Un style noble, un dessin correct, un coloris aërien, le goût de l'antique, sont les qualités du tableau que nous venons de décrire.

144. — Vénus armant Enée.

Tandis que la déesse remet à Enée les armes qu'elle a fait forger par Vulcain, des amours se jouent avec les colombes et les cygnes attelés à son char. T. H. 25 p. L. 29.

COURTOIS.

145. — Paysage orné de figures représentant la fuite en Egypte. T. H. 14 p. L. 19.

On se rappellera sans doute que ce tableau a été vendu, il n'y a pas long-tems, sous le nom de Claude Lorrain, avec les ouvrages duquel il conserve en effet quelque ressemblance.

GREUZE (J. B[te].).

146. — Portrait de femme.

Les vêtemens sont d'une autre main. T. H. 19 p. L. 15.

GREUZE (Mme. ELIE d'après).

147. — Jeune fille vue à mi-corps, les mains jointes, les yeux tournés vers le ciel, et priant dieu.

GREUZE (d'après).

148. — Buste de jeune fille, coiffée d'un chapeau de paille.

JANET (FRANÇOIS CLOUET dit).

149. — Femme tenant un livre. B. Cintré. H. 8 p. L. 5.

LARUE (ROMAIN de).

150. — Paysage.

Sur le premier plan, un villageois est debout devant une femme qui se repose au pied d'un arbre. T. H. 11 p. L. 20.

LENAIN (LOUIS).

151. — Le petit musicien.

Un jeune mendiant jouant d'une espèce de haut-bois, excite l'attention d'une laitière et d'un autre paysan. Celui-ci est assis sur une pierre et tient le licou de son cheval. La laitière debout a son pot au lait sur la tête. T. H. 20 p. L. 24.

Tous les connaisseurs conviendront avec nous que ce tableau est un des bons ouvrages de l'auteur. La composition en est naïve, comme toutes celles de Lenain; les figures sont d'un relief étonnant.

MICHALLON (attribué à).

152. — Deux esquisses: dans l'une est représentée la mort de Rolland; dans l'autre, la dispute des Centaures et des Lapithes.

MIGNARD (NICOLAS).

153. — Mlle. de La Vallière en Madeleine, dans un paysage.

Elle est étendue sur une natte, la tête appuyée sur une de ses mains. Le repentir et les macérations n'ont point encore altéré ses traits; leur calme exprime la méditation. T. Ovale; H. 32 p. L. 43.

Le costume de la belle pénitente est celui des dames de son siècle; tout le tableau est de l'aspect le plus agréable.

STELLA (B).

154. — Le repos de la sainte famille.

Sur le devant d'un paysage orné des ruines d'un antique édifice, des Anges présentent des fruits et des fleurs au fils de Marie. B. H. 9 p. L. 12.

Autrefois on a vendu ce joli petit tableau sous le nom de Bartholomée Bréenberg : c'est bien une composition dans le goût des siennes ; mais là se borne la ressemblance.

STELLA (J).

155. — Deux tableaux représentant des jeux d'enfans. B.

VOUET (AUBIN).

156. — Repos de la sainte famille.

Jésus dort sur les genoux de la Vierge qui le regarde avec un tendre ravissement. Des chérubins suspendent leur vol au-dessus de lui pour l'admirer et l'honorer.

WATTEAU (ANTOINE).

157. — Le cabinet d'un marchand de tableaux.

Dans une salle ornée de peintures, une jeune femme assise à son comptoir, présente à une dame un petit tableau que celle-ci regarde avec beaucoup d'attention. Un autre tableau posé à terre occupe particulièrement les regards de plusieurs amateurs, dont l'un s'est agenouillé pour le mieux voir.

Nous avons entendu dire que cet ouvrage fut fait pour Gersaint, et servait d'enseigne à son magasin.

PORTRAITS HISTORIQUES.

158. — Alexandre Baldovinetti ; buste.

159. — Alexandre Farnèse, duc de Parme, peint en buste par Bronzino. B. H. 20 p. L. 16.

160. — Andrea del Sarte, peint en buste, et dans une petite dimension.

161. — Baldo de Pérouse ; buste.

162. — Charles Daudun, marquis d'Herbault, peint par Claude Lefèvre. T. forme ovale. H. 32 p. L. 27.

Ce beau portrait a été gravé par Drevet.

163. — Clément VII, pape ; buste.

164. — Cosme de Médicis, peint par Bronzino. B. H. 25 p. L. 20.

165. — Coypel (Antoine), peint par lui-même.

Il s'est représenté un crayon à la main, et se disposant à dessiner sur un carton qu'il appuie sur ses genoux. Les boucles d'une grande perruque flottent sur ses épaules qu'enveloppe un manteau de velours cramoisi. T. H. 9 p. L. 7.

Ce portrait est gravé.

166. — Erasme, peint dans le genre de Holbeen ; figure à mi-corps.

167. — Fontana (Lavinia), peinte par elle-même.

On cite le nom de Lavinia Fontana parmi ceux des peintres bolonnais qui se sont distingués avant l'école des Carraches. Dans le tableau que nous avons sous les yeux, elle s'est représentée jouant du clavecin. Derrière elle est une servante qui lui apporte un livre de musique ; dans une seconde chambre, près d'une fenêtre, on voit son chevalet. B. H. 11 p. L. 10.

168 — Greuze, peint en buste ; esquisse avancée.

169. — Gui-Joly, secrétaire du cardinal de Retz ; buste.

170. — Guillaume de Nassau, prince d'Orange, peint par Honthorst.

Honthorst obtint le titre de peintre de Guillaume de Nassau, et s'en montra digne. Plusieurs souverains voulurent avoir leurs portraits de sa main. Au talent qui le rendit fameux dans cette partie de son art, il joignit le talent plus grand encore de bien peindre l'histoire. Ses effets de lumière lui valurent en Italie le surnom de Gérard *delle notte*.

171. — Henri IV, peint par François Porbus. T. H. 58 p. L. 40.

172. — Henriette de France, épouse de Charles Ier., roi d'Angleterre, peinte par Leli.

Cette princesse est représentée à mi-corps, vêtue de noir, une rose à la main.

173. — Jean Bellin. B. H. 9 p. L. 6.

174. — L'amiral Coligny, peint en buste par François Porbus.

175. — Le Chancelier de l'Hôpital, peint en buste par François Porbus.

176. — Louis XIV peint en pied, vêtu des habits royaux, d'après Rigaud. T. H. 55 p. L. 42.

177. — Lulli, représenté en buste.

178. — Mars-Ficinus, Chr. Landinus, Aug. Politianus et Démétrius Grœcus, peints dans le même tableau.

179. — Paul Sarpi, savant théologien de Venise, peint par Jacopo Pontormo. T. H. 27 p. L. 20.

180. — Philippe Disbrunelesco; buste.

181. — Van-Ost; il est représenté à mi-corps.

182. — Reine de Portugal, épouse de Philippe II; buste.

183. — Portrait qu'on présume être celui du célèbre architecte Claude Perrault, peint par Nicolas Mignard. T. forme ovale. H. 25 p. L. 18.

184. — Portrait sur bois qui paraît être celui du Tintoret.

185. — Portrait d'un duc d'Etrurie, peint par Bronzino. B. H. 24 p. L. 20.

186. — Quatre portraits en buste, placés l'un à côté de l'autre dans un même cadre. Ils portent les noms suivans : de Maintenon, M. Claptson, de Vignolles et... B.

187. — Quatre autres portraits : Le maréchal de Chaune, M. Lavocat, Mlle de Mane, Mlle de la Pauce.

188. — Quatre autres portraits : Mlle de Bréante de Guercheville, etc.

Ces douze portraits sont peints par François Porbus.

PAR ET D'APRÈS DIFFÉRENS MAITRES.

189. — D'après André del Sarte. — Jésus représenté en buste.

190. — La Vierge tenant son fils sur ses genoux, et près d'elle saint Joseph plongé dans le sommeil ; tableau dans le goût de Jean Van-Eyck. B.

191. — Jésus crucifié, entre le bon et le mauvais larron, sert de spectacle au peuple juif ; la Madelaine arrose de ses larmes le pied de la croix. Bon tableau dans le genre de Franc-Flore. B.

192. — Moïse sauvé des eaux. Style du Prematice. T.

193. — La Sainte Famille et Saint-Jean-Baptiste enfant : bonne copie d'après le Titien. T.

194. — Rubens (par un élève de). Ulisse et Circé : grande et riche composition.

195. — La Sainte Famille accompagnée de Sainte-Catherine : peinture vénitienne sur panneau.

196. — Marie allaitant l'Enfant-Jésus : tableau dans le goût de Guirlandaio.

197. — Cléopâtre se faisant piquer par un aspic : tableau italien.

198. — Portrait d'homme tenant un livre à la main droite et s'appuyant de l'autre main : école vénitienne.

199. — Jésus environné d'anges apparaît à Saint-François à genoux au pied d'un autel : tableau de l'école espagnole.

200. — Bonne copie moderne, d'après le tableau du Corrége, représentant Jupiter et Antiope.

201. — L'Adoration des Mages : tableau dans le goût de Proccacini. B.

202. — Le Martyre de Saint-André : excellent tableau. B. cintré.

203. — Descente de Croix.

Les saintes femmes entourent la dépouille mortelle de Jésus; plus loin on voit les deux larrons encore attachés à leurs croix et tout près d'eux des juifs mêlés à des soldats de la garde prétorienne.

204. — Paysage avec chute d'eau sur le devant. Il tient à la manière du Gaspre.

205. — Le sujet de Curtius prêt à se précipiter dans le gouffre.

206. — Jésus-Christ à table avec les pèlerins d'Emmaüs.

207. — Saint-Jérôme croyant entendre la trompette du dernier jugement.

208. — Combat naval.

209. — Galères sortant d'un port.

210. — Le sac d'un village : tableau dans le goût de Snayers.

211. — Voyageurs attaqués par des voleurs : même genre.

212. — Samson et Dalila.

213. — Betsabée au bain.

214. — Sainte-Cécile un livre de musique à la main : tableau italien.

215. — Portrait en buste d'un guerrier.

216. — Ermite dans un paysage, dont le style se rapporte à celui d'Orrizonti.

217. — Un tableau dans le goût de frère Angelico : sujet tiré de la Vie des Saints.

218. — Groupe d'Anges, célébrant par un concert les bienfaits du Tout-Puissant : fragment de tableau.

219. — Petite copie d'après Berchem. Un villageois marchant à côté de son âne ramène du bétail des champs.

220. — Grande assemblée de personnages des deux sexes et de tout âge entourant un feu de joie au milieu d'une ville. B.

221. — Le Christ à la colonne : peinture en camaïeu. B.

222. — Deux tableaux représentant Flore et Uranie : figures à mi-corps.

223. — Dénicheurs de nids : genre de Watteau.

224. — Le Christ et la Samaritaine.

225. — Portrait de paysan coiffé d'un grand chapeau : genre de Murillo.

226. — Portrait d'homme tenant un petit chien dans ses bras. T.

227. — Six portraits d'hommes et de femmes, découpés et ajustés sur des toiles blanches.

228. — Portrait d'un évêque.

229. — Portrait d'homme dans le goût de Porbus.

230. Portrait d'homme, peint dans la manière du Giorgion.

Il est écrit derrière le tableau que ce portrait est celui du cardinal Médicis.

231. — Un joueur de musette ayant à côté de lui un enfant qui l'écoute avec beaucoup d'attention.

232. — Portrait d'homme, peint en buste, dans le goût de Jules Romain. B.

233. — Sur une espèce de terrasse où l'on voit une dame jouant du clavecin, d'autres personnages causent ensemble et prennent le frais.

Ce tableau rappelle ceux de Duchatel. T.

234. — Bon tableau représentant un cheval et deux brebis dans la cour d'une ferme.

235. — La Nativité de Jésus. Tableau de l'école de Murillo. T.

236. — Deux danseurs. Tableau de l'école de Watteau. B.

237. — Paysage dans le goût de Gaspard Poussin. Un villageois mène des bestiaux aux champs. T.

238. — Vénus dormant au milieu d'un groupe d'amours, dont plusieurs sèment des fleurs autour d'elle.

239. — D'après Wouwermans. L'attaque d'un convoi militaire.

240. — Genre de Boucher. L'amour enchaîne deux amans avec un lien de fleurs.

241. — Cheval-pie sur le devant d'un paysage.

242. — Jésus garotté et traduit devant Pilate. Tableau de l'ancienne école flamande.

243. — Both (très-bonne copie d'après Jean).

Paysage sur le devant duquel on voit un paysan monté sur un chariot attelé de deux bœufs.

244. — Jésus sur les genoux de sa divine mère. Tableau de l'école de Murillo.

245. — Vénus et l'Amour.

La déesse est appuyée sur une corne d'abondance; Cupidon, un bandeau sur les yeux, décoche une flèche.

246. — Portrait d'homme, peint en buste et en miniature.

247. — Autres portraits d'homme et de femme, forme de médaillon.

248. — Loth et ses filles. Tableau de l'école de Murillo.

249. — Paysage copié d'après Hobbema.

250. — L'enlèvement d'Europe. Très-bonne copie d'après Paul Véronèse.

251. — Portrait de jeune homme coiffé d'une large

toque et tenant un sabre. B. H. 27 p. L. 21 : tableau italien.

252. — Salomé portant la tête de Saint-Jean-Baptiste sur un plat.

Tableau dans le goût d'Otto Venius. B.

253. — L'apôtre Saint-Jacques élevant les yeux au ciel : genre du Guerchin.

254. — L'Adoration des Bergers. Tableau de l'école espagnole.

255. — Sainte-Cécile chantant les louanges du Seineur : genre de Roselli.

256. — Paysage dans le goût de Moucheron.

On y remarque des rocs taillés en aiguille, des arbres jaunis par le soleil et une chute d'eau.

257. — Paysage dans le goût de Mauperché.

Des villageois dansent en rond sous un arc de triomphe. T.

258. — Le Christ au roseau. Imitation de Van Dyck, entourée d'une guirlande de fleurs et de fruits. B.

PEINTURES SUR ÉMAIL ET PORCELAINE.

259. — Deux soucoupes avec peintures, offrant des sujets de piété.

260. — Deux coupes en forme de gobelet, portant le nom de Landin.

On y remarque entre autres ornemens, deux demi-figures représentant Minerve et Panthée.

261. — Peinture sur porcelaine, représentant Napoléon à Berlin, au palais de Frédéric III, le 27 octobre 1806.

262. — Autre peinture du même genre. Napoléon au château du Grand-Veneur de Saxe, le 24 octobre 1806.

GRAND CAMÉE ET SCULPTURES DIVERSES
EN IVOIRE, MARBRE, ALBATRE, etc.

263. — Grand camée encadré dans une bordure de bronze doré et supporté par deux lions posés sur un socle de porphyre : copie d'après un camée antique.

264. — Bas-relief d'ivoire représentant Marie, mère de Jésus, pleurant sur la dépouille mortelle de ce fils adoré, dont les dernières souffrances sont indiquées par les instrumens de sa passion placés dans les mains des anges.

265. — Coupe d'ivoire garnie de bronze doré.

Au pourtour est un bas-relief que l'on croit avoir été sculpté par François Flamand, et qui représente Diane découvrant la grossesse de Calysto. Sur le couvercle est un groupe de huit figures, hommes et femmes tous dans des attitudes différentes.

La beauté de ce vase ne peut échapper à l'attention des amateurs.

266. — Espèce de coupe ornée d'un bas relief au pourtour, avec couvercle de bois de chêne sculpté.

267. — Psyché, jolie petite statue exécutée en marbre statuaire.

268. — Socle rond en rouge antique, avec bas-relief représentant une bacchanale.

269. — Portrait de Henri IV : buste de marbre blanc.

270. — Portrait de femme : buste de marbre blanc.

271. — Deux bustes de marbre statuaire : portraits de personnages de l'antiquité.

272. — Deux bustes de marbre blanc, avec draperies de bleu turquin : portraits de Socrate et d'un autre philosophe.

273. — Deux forts bustes de marbre blanc, posés sur des tronçons de colonnes.

274. — Tête de guerrier : fragment d'un bas relief de marbre.

275. — Tête de Mercure : autre fragment d'un bas-relief de marbre.

276. — Les trois Grâces supportant une coupe : ouvrage en albâtre.

277. — Deux petits bustes d'albâtre, avec draperies de bronze doré, et piédouches de bois noirci.

278. — Deux vases d'albâtre oriental rubanné.

279. — Deux vases d'albâtre ornés de bas-reliefs au pourtour.

280. — Un coffret de bois de chêne, orné de sculptures représentant plusieurs sujets allégoriques.

281. — Une figure de Naïade exécutée en terre cuite par Clodion, et posée sur un socle de marbre.

282. — Vénus sortant du sein des eaux. Elle tient une écrevisse de la main gauche; à ses pieds est un Dauphin : terre cuite.

BRONZES.

283. — Groupe de trois Atlas en bronze soutenant une coupe d'albâtre, et posés sur un socle de granit rose oriental, enrichi d'ornemens de bronze.

284. — Un gladiateur : figure de bronze.

285. — Deux figures (Mercure et Psyché), sur socles de marbre noir, enrichis d'ornemens de cuivre doré.

286. — Vénus et Apollon : petites statues de bronze.

287. — Deux petites colonnes d'ordre corinthien, en jaune de Sienne, avec chapiteaux de cuivre doré.

Sur une de ces colonnes est posée une petite figure de femme en bronze, fonte de Florence: sur l'autre est un taureau de même métal.

288. — Deux petites statues de Mercure, en bronze, posées sur des tronçons de colonnes en albâtre.

289. — Petite statue de Neptune. Bronze.

290. — Petite statue équestre de Henri IV combattant. Deux figures sont renversées aux pieds du cheval.

291. — Buste de Jupiter : bronze ancien, avec piédouche de marbre.

292 et 293. Quatre bustes de bronze, avec draperies d'albâtre et de marbre jaspé, et piédouches de marbre blanc. Ils représentent Socrate, Solon, Sophocle et Euripide.

294. — Buste de Démosthène : bronze.

295. — Un cheval sur socle de boule.

296. — Petite figure d'enfant exécutée en fonte.

OBJETS CHINOIS ET AUTRES.

297. — Boite à thé, en nacre travaillé à jour.

298. — Un coffret d'ivoire, orné de sculptures : ouvrage chinois.

299. — Joli coffre de laque de la Chine, avec incrustations en burgau.

300. — Commode de laque avec dessus de marbre blanc.

301. — Un coffret de laque de la Chine avec support à tiroir.

302. — Boite à jetons et à fiches de laque moderne.

Les jetons et fiches sont de nacre et ornés de dessins gravés.

303. — Un petit coffret d'ambre.

304. — Trois vases de porcelaine chinoise, garnis de couvercles.

305. — Deux vases, forme de cornet, en porcelaine de la Chine avec garnitures de cuivre doré.

306. — Deux vases, forme de bouteille, en porcelaine du Japon, avec socles de cuivre doré.

307. — Trois vases à large panse, de porcelaine chinoise, sur socles de bronze en forme de trépied.

308. — Une pipe chinoise.

309. — Deux chasses-mouches.

ARMES ÉTRANGÈRES ET AUTRES OBJETS.

310. — Un sabre indien.

311. — Un ïatagant garni en argent.

312. — Un poignard turc garni en argent.

313. — Un poignard albanais garni en argent.

314. — Deux pistolets albanais garnis en argent.

315. — Encrier de bronze : forme gothique.

316. — Deux flambeaux d'albâtre, avec ornemens de cuivre doré.

317. — Chandelier orné de sculpture au repoussé.

MEUBLES DE BOULE, MARQUETERIE ET AUTRES.

318. — Riche pendule, à boite de marqueterie de Boule, avec support du même travail et formant buffet.

319. — Deux jolis meubles, en forme de chiffonnier, de marqueterie de Boule, avec ornemens de bronze ciselé et mis en couleur.

320. — Buffet de marqueterie à deux ventaux, orné de moulures, rosaces et mascarons de cuivre doré ; le dessus est de marbre gris mélangé.

321. — Buffet de marqueterie d'étain avec dessus de

marbre de Flandres. Il est composé de plusieurs rangs de tiroirs, masqués par deux ventaux, et enrichi de plusieurs ornemens de cuivre doré.

322. — Petit buffet à battant, en marqueterie de Boule avec ornemens de bronze, et tablette au-dessus de marbre noir.

323. — Buffet de marqueterie à un seul battant.

324. — Un socle plaqué en ébène avec filets d'étain, rosaces et mascarons de cuivre doré : ouvrage de Boule.

325. — Un grand bureau garni d'ornemens en bronze doré.

326. — Dessus de table formé d'une mosaïque entourée de bandes d'albâtre rubanné : montur e en acajou

327. — Autre table de la même espèce.

328. — Console de bois sculpté et doré, avec dessus d'albâtre rubanné.

329. — Un guéridon de cristal taillé, avec plateau en glace et galerie de bronze doré.

330. — Deux cipes carrés, en bois d'acajou, et formant armoires, avec dessus de marbre blanc.

TRONÇONS DE COLONNES.

331. — Quatre tronçons de colonnes en marbre noir.

332. — Deux fûts de colonnes en marbre gris mêlé de blanc avec tores et plinthes de marbre blanc.

333. — Deux tronçons de colonnes en stuc.

334. — Un tronçon de colonne en bois.

TABATIÈRES PRÉCIEUSES.

335. — Deux tabatières d'écaille, doublées d'or, forme de carré oblong et à charnières. Elles sont ornées de médaillons d'or ; l'un renfermant le portrait de madame de Sévigné; l'autre, le portrait de Ninon de Lenclos.

336. — Une tabatière, carré long, en écaille, à charnière, avec gorge et médaillon d'or, enrichie d'un émail fait d'après Greuze, et représentant une jeune fille à mi-corps.

337. — Une boîte ou tabatière d'or, carré long, à charnière, avec deux grandes miniatures, par Parent, portraits de Marie Stuart et du prétendant.

338. — Une boîte à cages, en or émaillé, composée de quatorze plaques en onyx oriental rubanné.

339. — Une tabatière de forme ovale, en or émaillé, garnie de roses et de brillans sur les côtés, ainsi qu'à l'ouverture, et ornée de six médaillons représentant le port de Bordeaux.

340. — Une tabatière d'or émaillé, garnie de perles fines, et de dix plaques peintes par Degaux : carré long, à pans dans les coins.

341. — Une boîte d'or, carré long, ayant pour dessus, un agate arborisée, entourée de petites opales.

342. Une boîte d'or émaillé en opale, ornée de dix plaques peintes par Degaux, à l'imitation de camées,

et représentant des Bacchanales : forme de carré long à coins coupés.

343. — Une boîte d'or à charnière, forme de carré long, ornée d'une imitation de camée, peinte par Degaux, et représentant des guerriers.

344. — Une boite ovale, en écaille, doublée d'or, avec médaillon renfermant le portrait de Bonaparte, en camée onyx.

345. — Une boîte d'écaille, carré long, doublure et médaillon d'or, avec portrait en émail, dit de Petitot.

346. — Une tabatière d'or, carré long, à filets bleus, avec portrait de femme gravé sur onyx.

347. — Une tabatière, carré long, à coins coupés, en or émaillé à filets bleus, et ornée en dessus d'un camée onyx, représentant le sujet de Cléobis et Biton.

348. — Une boîte, carré long à charnière, en écaille doublée d'or, avec médaillon en piqué représentant un bouquet de fleurs.

349. — Une boîte, de la même espèce et de la même forme que la précédente, avec médaillons; l'un en piqué; l'autre en coulé.

350. — Une boîte à cage en or, ornée de plaques de cornaline orientale, et en forme de carré long.

351. — Une boîte d'or, forme d'œuf, ornée d'une plaque en malachite.

352. — Une boîte, forme de carré long, doublure et médaillon d'or, avec portrait de femme en émail, attribué à Petitot.

353. — Vingt autres tabatières plus ou moins riches, tant en or et en écaille doublée d'or, qu'en platine, agate, cristal, bois pétrifié, fer, buis et autres matières avec médaillons en camée, émail, miniature et autres embellissemens.

Différens livres sur la peinture, parmi lesquels se trouvent plusieurs exemplaires de la traduction que M. Francillon a faite d'après la *Storia pittorica della Italia*, de l'abbé Lanzi.

www.ingramcontent.com/pod-product-compliance
Ingram Content Group UK Ltd.
Pitfield, Milton Keynes, MK11 3LW, UK
UKHW020428180726
13839UKWH00003B/1404

9 782329 268088